動画でステップアップ！

アルカマラーニダンス
オリエンタルカンパニー創設者
MAHA 監修

ベリーダンス
魅せるポイント**50**

改訂版

はじめに

　ベリーダンスは古来より伝わる女性特有のダンスです。西洋と東洋の間のオリエント地域に古くから伝わるこのダンスは骨盤周りをとても細かく使うため女性の身体にはとてもよい効果があります。しかし、普段感じることのできないインナーマッスルを使うため実際やってみると見た目よりも難しいという声が多いのも事実です。

　ベリーダンスの基礎は他のダンスと異なる部分も多いため、動きのベーシックに加えてその動きを習得するためのトレーニング法も記載しています。ベリーダンス経験のない方にも理解しやすいトレーニングから入ることも可能です。

　ベリーダンスは本来女性がひとりで即興で踊るダンスジャンルとされています。ベーシックを習得したら気持ちのままに自由に踊る楽しみもあります。100人いたら100の踊りがあるといわれているのもこのダンスの魅力の一つです。

　でも自由にといっても、どうやって踊ったらいいの？　動きが複雑そうで見ただけじゃわからない。そんな声もありますね。分解するとそれはアラベスク模様の造りと同じ。ひとつひとつは単純ですが組み合わせるとどんどん複雑になっています。

　この本ではまずは動きのパーツの紹介とその組み合わせ方法にチャレンジしていきます。

　まずはパーツの習得を確実にして、身体の各部分独立させて動かす『アイソレーション』も身につけましょう。次は移動しながら動き、だんだんとダンスとなっていきます。

　後半に二種の振付を紹介しています。一つは入門向け、一つは中級向けです。まずは基本の動きがつまった入門向けをしっかりと身に付け、次に応用の中級向けに挑戦してみてください。

　ベリーダンスは自分と対話するようなダンス。自分の身体と向き合い、さらにステージで観客ともダンスを通して交流できる醍醐味があります。ベリーダンスを通して、あなたの魅力を見つけてください。

MAHA

本書の使い方

本書では、ベリーダンスの初心者から中級者の人に、ぜひ身につけてほしいテクニックを紹介していきます。1章では基本&レッスン、2章ではトレーニング法、3章、4章では実際の曲に合わせて踊ります。5章ではベリーダンスの世界をより深く知るための情報を紹介していきます。

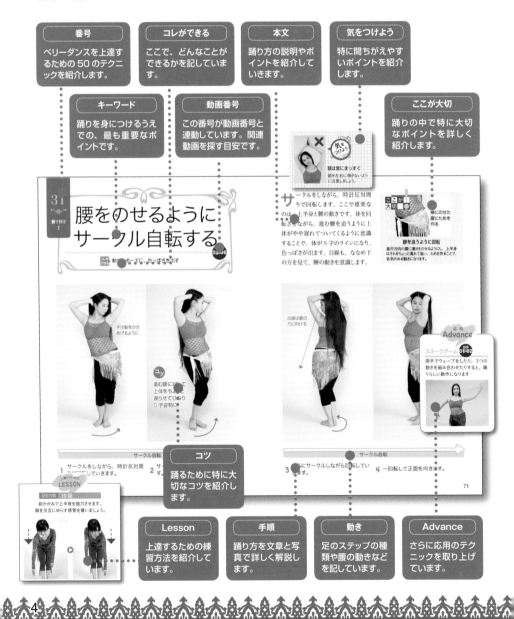

番号
ベリーダンスを上達するための 50 のテクニックを紹介します。

コレができる
ここで、どんなことができるかを記しています。

本文
踊り方の説明やポイントを紹介していきます。

気をつけよう
特に間ちがえやすいポイントを紹介します。

キーワード
踊りを身につけるうえでの、最も重要なポイントです。

動画番号
この番号が動画番号と連動しています。関連動画を探す目安です。

ここが大切
踊りの中で特に大切なポイントを詳しく紹介します。

Lesson
上達するための練習方法を紹介しています。

手順
踊り方を文章と写真で詳しく解説します。

動き
足のステップの種類や腰の動きなどを記しています。

Advance
さらに応用のテクニックを取り上げています。

▶ 動画の見方

本書で紹介している内容は、動画でも見ることができます。
動画の見方は次の通りです。

①

1章

2章

本書の5つの章の扉には
QRコードがついていま
す。うまく各章の動画に飛
べないときは、YouTube
のアプリを再度立ち上げ
直してから読み込んでくだ
さい。

3章

4章

5章

② スマートフォンやタブレットで、
扉のQRコードを読み取ると、
YouTubeで動画を見ることが
できます。

③ すべての動画を最初から見たいときは、
下のQRコードやURLを利用してください。

動画でステップアップ！
ベリーダンス魅せるポイント50　改訂版　レッスン動画

https://youtu.be/lX1BUVCV-zk

動画 でステップアップ！
ベリーダンス
魅せるポイント50 改訂版

※本書は2015年発行の『DVDでステップアップ！ベリーダンス 魅せるポイント50』の仕様を、DVDからオンライン上で動画を閲覧できるよう変更し、書名を変更して新たに発行したものです。

CONTENTS

Beauty 美しさ　健康 Health　Discover 発見

 1章 ## ベリーダンスの基本＆レッスン　14

動きのコツをつかむ

2章 トレーニング法 41

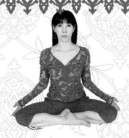

3章 曲に合わせて踊る **1** 52
ANA FI INTIZARAK
―アナフィ・インティザルク―

4章 曲に合わせて踊る **2** 72
Harem street ―ハレム・ストリート―

5章 ベリーダンスの世界　100

ベリーダンスの魅力

ベリーダンスには、さまざまな魅力がありますが、特に強調したいのは
「美しさ」「健康」「発見」の３つです。
それぞれの項目について解説していきます。

Beauty
美しさ

女性らしい体型や
しぐさが身につく

ベリーダンスの動きの大きな特徴は、
お腹をくねらせたり、腰をゆらしたりする動きにあります。
そのさいに重要になるのが、体の中にある筋肉、
インナーマッスルを使いこなすことです。
この筋肉は、美しい姿勢を保ったり、体を引きしめたりするのに役立ちます。
若々しく、美しいプロポーションを保つためには、欠かせない筋肉です。
また、ベリーダンスの振り付けの中には、
腕や手を繊細に動かしたり、モデルのようなポーズをとったり、
色っぽいしぐさがでてきます。ベリーダンスを踊ることで、
女性らしい、美しいしぐさや姿勢、
動きが自然と身についていきます。

Health

健　康

女性特有の心配事を
改善、解消してくれる

ベリーダンスは、指先から足の先まで、体の細部をつかう踊りです。
自分の意識と、体をひとつにして踊るのは、とても楽しいことです。
当然、ストレスの発散にもつながり、くよくよと考えることが
少なくなります。その他、女性特有の心身の健康を
サポートしてくれます。

産前、産後に良い

出産のさいに使う骨盤底筋や子宮まわりの筋肉を
効果的にきたえたり、出産後の骨盤のゆるみや
筋肉のおとろえを改善できます。

更年期障害の軽減

40代50代の方には、体の不調や衰え、
心身のバランスが崩れたりする、
更年期障害の
症状の軽減にも役立ちます。

発見

Discover

自分の中にある
新しい扉を開く

ダンサーの数だけベリーダンスがある、と言われるほど、
ベリーダンスの踊りは多様です。大まかなジャンルとして、
エジプトやトルコが起源の
「オリエンタル」、アメリカで発展した
「トライバルスタイル」などがありますが、
いくつかのスタイルが融合するなど、
そのスタイルは実に幅広いのです。
さまざまな文化やスタイルを受け入れる、
寛容な踊り・ベリーダンスは、自分の好みを
見つけやすく、自分を表現しやすい踊りです。
自分らしさを見つけたり、意外な自分を発見したり、
新しい扉を開いてくれます。

ベリーダンスの基本&レッスン

【動画 1章】
01-08

ベリーダンスはすべて、基本の動きのパーツを組み合わせて、
ひとつの踊りが出来ています。まずは基本をしっかり覚えましょう。

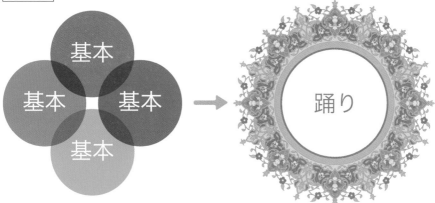

基本　基本　基本　基本　→　踊り

アラベスクの法則

アラベスクは、イスラム美術の様式で、植物や動物などの幾何学模様のくりかえしで、大きな世界感のある模様が描かれます。まさにベリーダンスは、アラベスクのような踊り。ひとつひとつの基本のパーツが組み合わせることで、ひとつの踊りが完成するのです。

モロッコにある天井のアラベスク模様。

部位 の動き

首
肩
腕
胸
腰

円 の動き

- サークル
- フィギュアエイト

ウェーブ の動き

- アンジュレーション

リズム のある動き

- シミー（ラアシャ）
- ヒップドロップ
- ハッガーラ

首を左右に スライドさせる

動画
01-01

手のひらを頭の上で重ねて、首を左右に動かします。

首のスライド

コツ

頭の軸をまっすぐ

正面を向いた
まま、右に動
かします。

正面を向いた
まま、左に動
かします。

上達のための
LESSON

● 手を広げて首のスライド ●

目安の数　左右 10 回

壁を押すように手の平を立て、腕を左右に
広げて、首をスライドします。
肩が固定され、首を動かしやすくなります。

手首の筋が
ひっぱられる

肩をゆらす

動画
01-02

両手を広げて、体の中心を軸にして、
腕を動かさずに、肩をゆらします。

 ショルダーシミー

コツ
体の中心を
軸にしてゆらす

正面を向いて、右の
肩を前に出します。

左右の腕は
動かさない

左の肩を前に出
します。左右を
高速でゆらして
いきましょう。

上達のための
LESSON

● 脱力肩ゆらし ●

目安の数　左右 10 回

前かがみで背筋をのばし、腕を脱力して、
肩を交互にゆらす感覚を養いましょう。

気を
つけよう

腕は動かさない
腕が体といっしょに
動かないように注意。

腕と手首、指で ウェーブを作る

腕と手首、指を、波のようになめらかに、
くりかえし動かしていきます。

腕のウェーブ 　腕全体で波をつくるイメージで動かします。

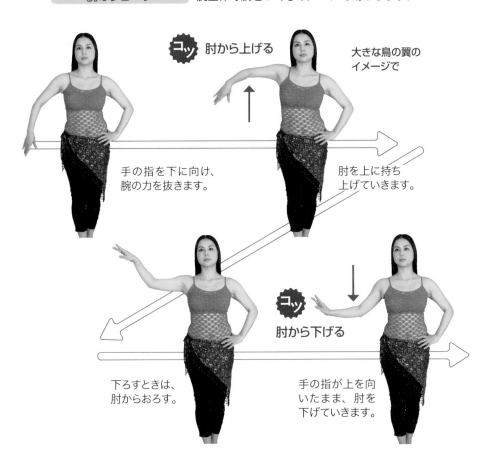

コツ 肘から上げる

大きな鳥の翼の
イメージで

手の指を下に向け、
腕の力を抜きます。

肘を上に持ち
上げていきます。

下ろすときは、
肘からおろす。

コツ
肘から下げる

手の指が上を向
いたまま、肘を
下げていきます。

手首のウェーブ　　手首を起点にして、肘から先でウェーブをします。

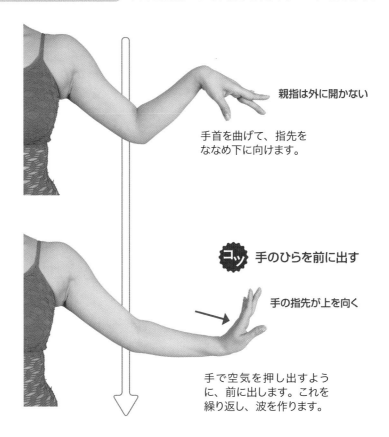

親指は外に開かない

手首を曲げて、指先を
ななめ下に向けます。

コツ　手のひらを前に出す

手の指先が上を向く

手で空気を押し出すよう
に、前に出します。これを
繰り返し、波を作ります。

● 両手を組んでウェーブ ●　目安の数　10 回

上達のための
LESSON

最初は片手で、波の動きを作るのは難しいため、両手を組んで
行うことで、ウェーブを作る感覚を身に付けしょう。
肘や手首、指先をやわらかくするトレーニングにもなります。

指が手の甲から
はなれないように

手の指を使って波のように動かします。

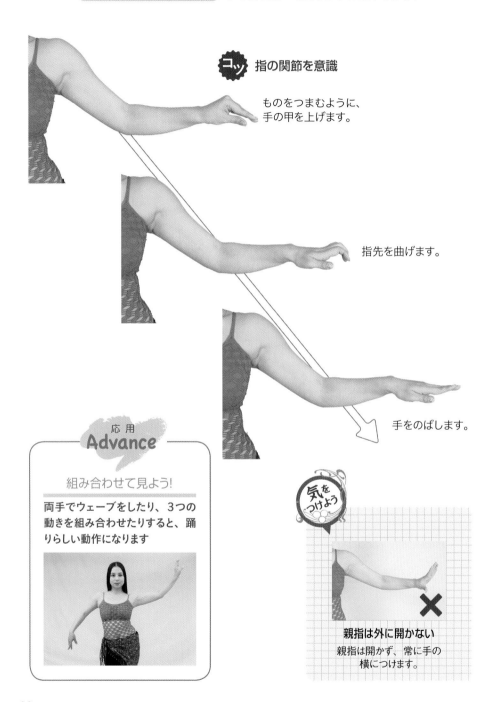

コツ 指の関節を意識

ものをつまむように、
手の甲を上げます。

指先を曲げます。

手をのばします。

応用
Advance

組み合わせて見よう!

両手でウェーブをしたり、3つの
動きを組み合わせたりすると、踊
りらしい動作になります

気を
つけよう

✕

親指は外に開かない
親指は開かず、常に手の
横につけます。

胸をうごかす

動画
01-04

胸を前後左右上下に自由自在に動かせるようになりましょう。

体を傾けない
体をななめに倒すのではなく、横にスライドさせます。

気を
つけよう

胸を左右にスライド

正面を向いたまま胸を左右に動かします。

頭は動かさない

体の軸はまっすぐ

コツ

胸を床と平行に
動かす

胸を右方向に
スライドさせます。

腰は動かさない

胸を左方向にスライドさせます。

胸を上下に動かします。肩が動かないように注意しましょう。

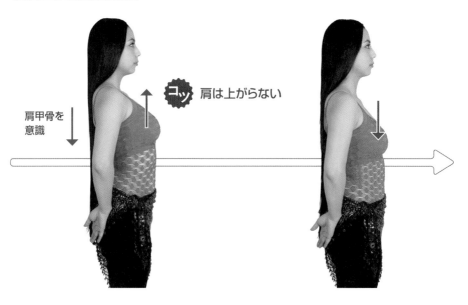

肩甲骨を
意識

コツ 肩は上がらない

胸を上に引き上げます。　　　　　胸を下に下ろします。

胸を前後に動かす　胸を前後に動かします。顔は動かさないようにしましょう。

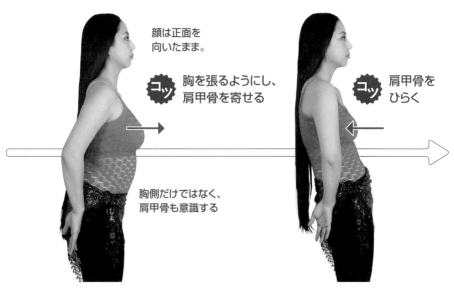

顔は正面を
向いたまま。

コツ 胸を張るようにし、
肩甲骨を寄せる

コツ 肩甲骨を
ひらく

胸側だけではなく、
肩甲骨も意識する

胸を前に突き出します。　　　　　胸を後ろに引きます。

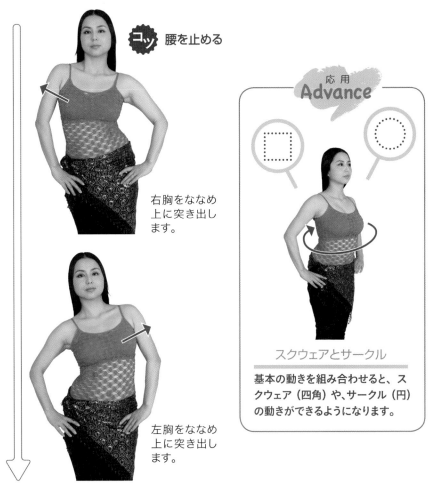

ななめ上に動かす

片方の胸をななめ上にあげます。

コツ 腰を止める

右胸をななめ
上に突き出し
ます。

左胸をななめ
上に突き出し
ます。

応用
Advance

スクウェアとサークル

基本の動きを組み合わせると、ス
クウェア（四角）や、サークル（円）
の動きができるようになります。

上達のための
LESSON

● 手を組んで背中と胸のばし ●

目安の数 10 回

手を前で組んで、背中を伸ばします。次に、
手を後ろで組んで、胸を反らします。手を組
むことで、背中や胸を伸ばす感覚がわかりや
すくなります。

肩甲骨を開く

肩甲骨を
寄せて
胸を開く

腰をうごかす

動画
01-05

腰を前後左右上下に自由自在に動かせるようになりましょう。

腰を左右にスライド　正面を向いたまま腰を左右に動かします。

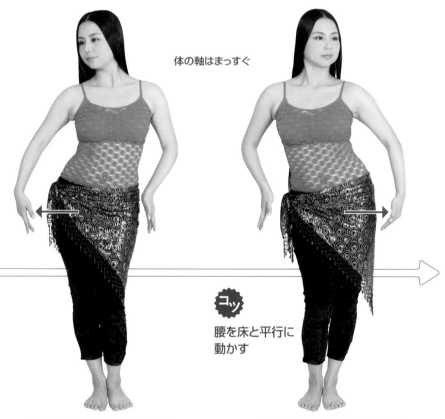

体の軸はまっすぐ

コツ
腰を床と平行に
動かす

腰を右方向にスライドさせます。　　腰を左方向にスライドさせます。

腰を左右にツイスト　腰を左右交互にツイストさせます。

コツ 体の軸を中心に
ひねる

腰を右前方に
ひねります。

腰を左前方に
ひねります。

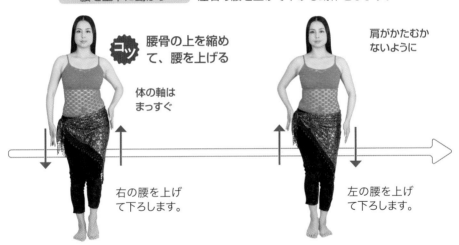

腰を上下に動かす　左右の腰を上げて下げる動作をします。

コツ 腰骨の上を縮め
て、腰を上げる

体の軸は
まっすぐ

肩がかたむか
ないように

右の腰を上げ
て下ろします。

左の腰を上げ
て下ろします。

上達のための
LESSON

● 正座で腰を上下左右 ●

| 目安の数 | 10 回 |

かかとの上に座り、脚の力にたよることなく、
腰の動きに意識を集中できます。腰に手をあ
て、左右上下に動かしていきましょう。

腰を前後に動かす
腰を前後に大きく動かします。

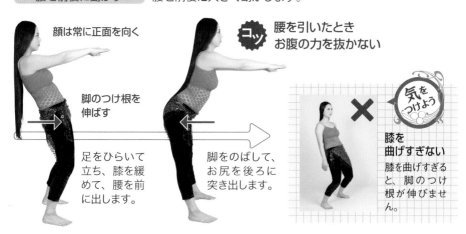

顔は常に正面を向く

脚のつけ根を
伸ばす

足をひらいて
立ち、膝を緩
めて、腰を前
に出します。

コツ 腰を引いたとき
お腹の力を抜かない

脚をのばして、
お尻を後ろに
突き出します。

× **気をつけよう**

膝を
曲げすぎない

膝を曲げすぎる
と、脚のつけ
根が伸びませ
ん。

骨盤を前後に動かす
骨盤を前後に動かします。体の内側の筋肉を意識しましょう。

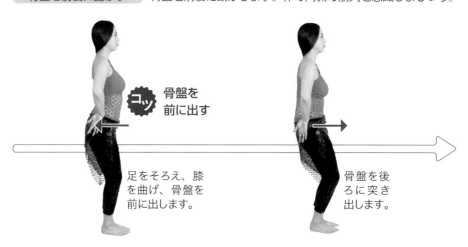

コツ 骨盤を
前に出す

足をそろえ、膝
を曲げ、骨盤を
前に出します。

骨盤を後
ろに突き
出します。

上達のための
LESSON

● 正座で骨盤を前後 ●

| 目安の数 | 10回 |

正座になることで、足の力を封じます。骨盤
を前後に動かします。

26

右手を前、
左手を上にあげ、
バランスをとる

コツ

骨盤の内側を
ストレッチする
ようなイメージで

右足を前に出し
た姿勢で、腰を
ななめ前に押し
出します。

腰をななめ
後ろに引き
ます。

応用 Advance

腰骨の上を上げる

実際の踊りでは、ステップを踏みな
がら、腰を動かします。足と腰を使
い分けなければ様々な腰の動きをプ
ラスすることはできません。ウエスト
と腰骨の間を縮めて、お尻を持ち上
げる練習をしてみましょう。

サークル＆フィギュアエイト

動画
01-06

腰でサークルやフィギュアエイト（8の字）を描きます。

サークル　　　正面を向いたまま腰を水平に回転させます。

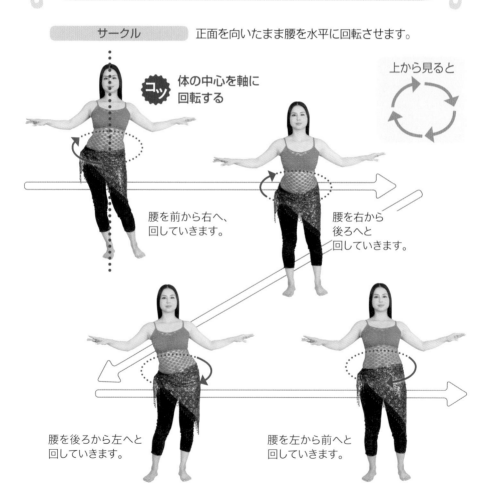

コツ　体の中心を軸に回転する

上から見ると

腰を前から右へ、回していきます。

腰を右から後ろへと回していきます。

腰を後ろから左へと回していきます。

腰を左から前へと回していきます。

28

骨盤サークル　　骨盤を回転させます。お腹のインナーマッスルを使って行います。

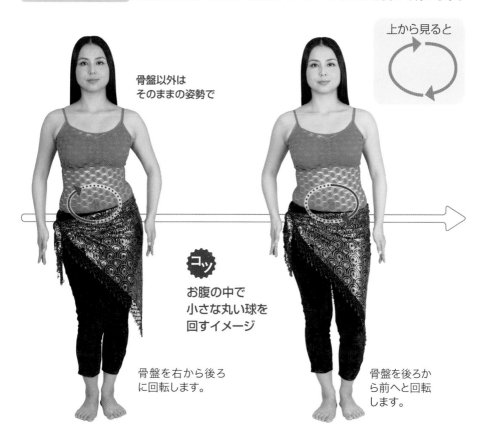

上から見ると

骨盤以外は
そのままの姿勢で

コツ

お腹の中で
小さな丸い球を
回すイメージ

骨盤を右から後ろ
に回転します。

骨盤を後ろか
ら前へと回転
します。

上達のための
LESSON

● 正座でお腹を回す ●

目安の数　　10回

サークルやフィギュアエイ
トも、正座になることで、
腰の動きに意識を集中し
て行えます。骨盤内を細
かく動かす感覚を覚えまし
ょう。

横のフィギュアエイト（前から後ろ）

床と平行に8の字を作る動きです。前から後ろに動かします。

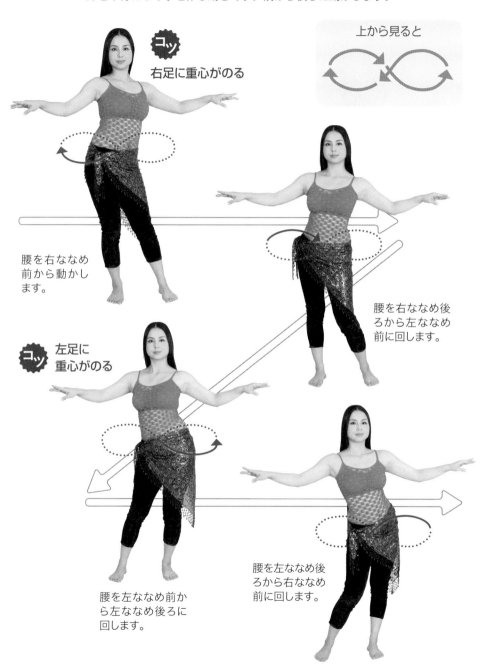

上から見ると

コツ 右足に重心がのる

腰を右ななめ前から動かします。

腰を右ななめ後ろから左ななめ前に回します。

コツ 左足に重心がのる

腰を左ななめ前から左ななめ後ろに回します。

腰を左ななめ後ろから右ななめ前に回します。

横のフィギュアエイト（後ろから前）

床と平行に8の字を作る動きです。後ろから前に動かします。

上から見ると

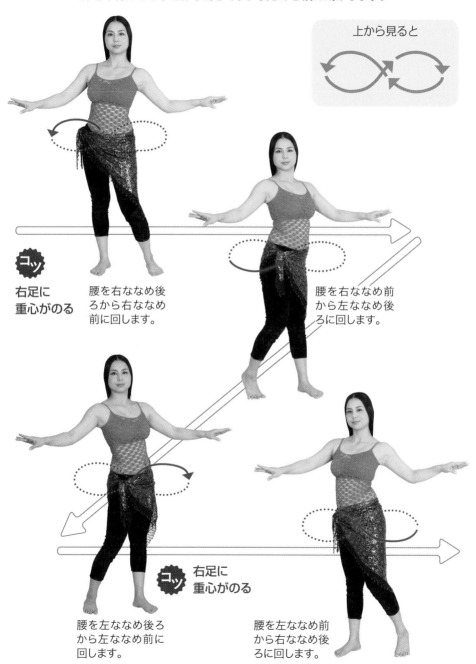

コッ 右足に重心がのる

腰を右ななめ後ろから右ななめ前に回します。

腰を右ななめ前から左ななめ後ろに回します。

コッ 右足に重心がのる

腰を左ななめ後ろから左ななめ前に回します。

腰を左ななめ前から右ななめ後ろに回します。

縦のフィギュアエイト（下から上）

おへそを中心に、下から上に、床と垂直に
8の字を描く、縦のフィギュアエイトです。

正面から見て8の字の動き

コツ 重心は左足

右足かかとを
あげる

腰を右上に
高くあげます。

腰を左下に
おろします。

肩がかたむか
ないように

コツ 重心は右足

腰を左上に
高くあげます。

左足かかとを
あげる

腰を右下に
おろします。

応用
Advance

縦のフィギュアエイト
（上から下）

上から下に回す縦のフィギュア
エイトにも挑戦しましょう。この
動きは、マイヤとも呼ばれます。

アンジュレーション

動画
01-07

お腹と胸を使って、波打たせる動きを表現します。

アンジュレーション　　胸、みぞおち、お腹、腰の順番で動かし、波を作ります。

背筋をのばし、
息を吸って、
胸をアップ。

上半身を後ろに
倒します。

**体が
かたまらない**
体がかたまると、上手く波がつくれません。

気をつけよう

コツ

お腹の
インナー
マッスルを
使う

背中を丸めて、
上半身を
起こします。

みぞおちを
押すイメージ

上半身を前に
倒していきます。

お腹を押す
イメージ

上体を前に出し
ます。これを繰
り返します。

リバースアンジュレーション

逆の波を作るリバースの動きを体得しましょう。

コッ

股関節を
折るように、
骨盤を後ろに引く

膝を曲げる

背筋をまっすぐ
のばして、股関
節を曲げる。

おへそを押し、
骨盤を前に
押し出す。

コッ

胸は最後に
起こす

体の軸を
まっすぐ。

みぞおちを
押す。

下から上に
置き上げる。

胸を前に
押し出す。

応用
Advance

踊りの中のアンジュレーション

アンジュレーションの練習では、頭が動いて
いますが、実際の踊りでは頭は動かしませ
ん。動きになれてきたら、頭を動かさずにア
ンジュレーションをしてみましょう。

胸のアンジュレーション

お腹を使わず、胸だけで行うアンジュレーションです。

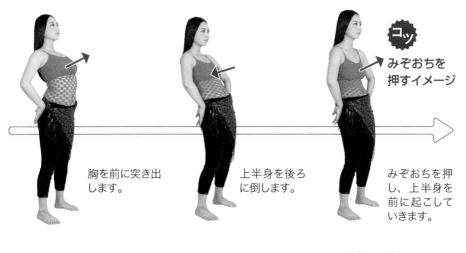

コッ みぞおちを
押すイメージ

胸を前に突き出
します。

上半身を後ろ
に倒します。

みぞおちを押
し、上半身を
前に起こして
いきます。

お腹のアンジュレーション

胸は使わずに、お腹だけで、
アンジュレーションをします。

骨盤を回す
イメージ

まっすぐ立ち、
これを繰り返し
ます

骨盤を前に
出します。

骨盤を後ろに
引きます。

上達のための LESSON

● 寝転がってアンジュレーション ●

目安の数 左右 10 回

寝転がることで、肩が固定され、
胸やお腹の動きを意識しやすくなります。

腰でリズムをとる

腰をゆらしたり、腰をアップダウンさせたり、
リズムをとる動きを取り上げます。

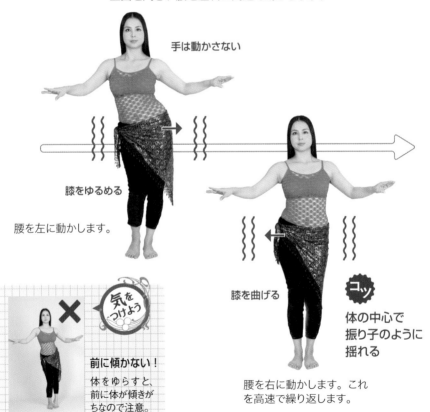

ヒップシミー

正面を向き、腰を左右に高速で動かします。

手は動かさない

膝をゆるめる

腰を左に動かします。

膝を曲げる

コツ

体の中心で
振り子のように
揺れる

腰を右に動かします。これ
を高速で繰り返します。

気をつけよう

×

前に傾かない！
体をゆらすと、
前に体が傾きが
ちなので注意。

ヒップドロップ

片足を前に出し、腰をひねって、そのまま落とします。

コツ
腰をはずませるようにリズムをとる

片方の押しを前に出し、腰を引き上げます。

気をつけよう

上半身はまっすぐ
姿勢が後ろにのけぞってしまったり、逆に前のめりになったりしないように注意。

引き上げた腰を、そのまま落とします。

37

スライド、アップ、ダウンのリズムで動くステップです。
徐々にスピードを速くし、足踏みをし、歩けるようにしましょう。

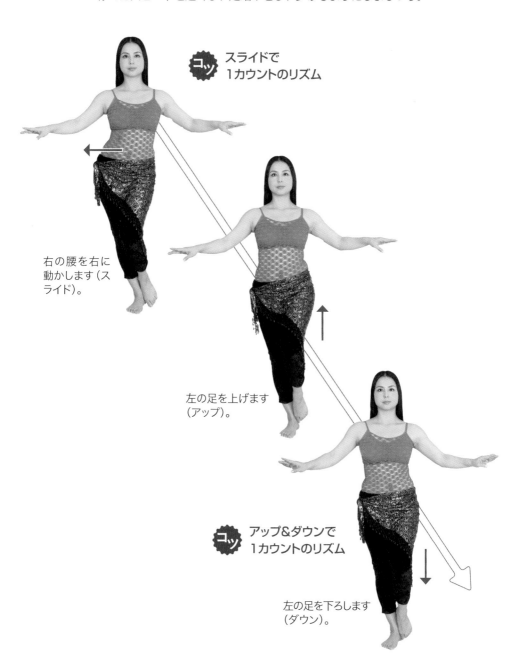

コツ スライドで
1カウントのリズム

右の腰を右に
動かします（ス
ライド）。

左の足を上げます
（アップ）。

コツ アップ&ダウンで
1カウントのリズム

左の足を下ろします
（ダウン）。

ハッガーラ

スライド、アップ&ダウンのリズムで動きます。最後のダウンが、
ひねりながら前に落とすのがポイントです。

腰を右に動かします
（スライド）。

左腰を持ち上げ
ます（アップ）。

**気を
つけよう**

背筋を伸ばして
バランスをとる！

だんだん前のめりになる
など、バランスを崩しや
すいので、しっかり背筋
を伸ばし姿勢を安定させ
ましょう。

コツ

山をのりこ
えるように
前に体重を
のせる

左腰を下ろします
（ダウン）。

ここでは、実際に踊るときに役立つ感覚を養える、
3種類の練習法を紹介します。

● おしり上げ ●

目安の数　左右 10 回

ヒップドロップなど、おしり
を上げる感覚を体得するの
に役立ちます。

片方のおしりを上げる　　　　反対も上げる

● おしり歩き ●

目安の数　左右 10 回

腰を上下げしながら、実際
に踊りで動く感覚を身につ
けるのに役立ちます。

おしりを上げて前に出す　　反対も同様にして、前に進む

● おしり歩き（後ろ） ●

目安の数　左右 10 回

踊りの中で、腰を上げ下げ
したり、前後に動いたりす
る感覚を身につけることがで
きます。

おしりを上げて足を引く　　同様にして、後ろに下がる

動きのコツをつかむ！

トレーニング法

【動画 2章】
01-04

ここでは、ベリーダンスを踊るための体をつくったり、動きの
コツをつかんだりできる、トレーニング法を紹介します。

上半身と
下半身を
連動させる

腕、手首、
指を繊細に
動かす

お腹と
背中を
なめらかに
動かす

腰まわりを
上手に
つかう

 まずは動ける体を作る！

ベリーダンスには、日常にない動きが多くあるため、いきなり動こうとしてもなかな
か上手くいきません。まずは、やったことのない動きになれ、動ける体をつくること
が大事です。体ができてくると、自然と動きのコツがつかめるようになります。

腰まわりを上手につかう

動画
02-01

初心者が腰を動かそうとするとき、力の強い脚にたよって、腰をうまく使えないことがあります。ここでは、座ったり、寝転がったりすることで、脚を封印して、腰の動きに集中しながらトレーニングをしていきます。

9 ● 正座で腰を左右に動かす ●

正座からお尻をずらし、手を重ねて伸ばしたポーズから、腰の上下左右の動きをきたえます。

| 目安の数 | 左右 10 回 |

コレができる ▶ 腰の上下、腰の左右、マイヤーなど

コツ

脇腹を伸び縮みさせる

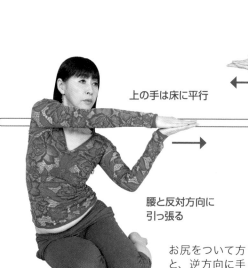

上の手は床に平行

腰と反対方向に引っ張る

お尻をついて方と、逆方向に手を合わせます。

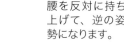

腰を反対に持ち上げて、逆の姿勢になります。

10 ● 膝曲げ振り子運動 ●

下腹の筋肉を意識しながら腰を左右に揺らします。

| 目安の数 | 左右30回 |

コレができる 腰の左右、骨盤サークル、シミーなど

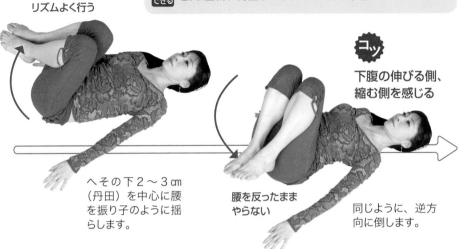

リズムよく行う

コッ

下腹の伸びる側、
縮む側を感じる

へその下2〜3cm
（丹田）を中心に腰
を振り子のように揺
らします。

腰を反ったまま
やらない

同じように、逆方
向に倒します。

11 ● 人魚ストレッチ ●

肩から上と膝から下を封印し、腰と胸の間を大きく動かす感覚を身に付ける。

| 目安の数 | 左右10回 |

コレができる アンジュレーション、フィギュアエイトの複合ムーブメントなど

体はひねりの
ラインを意識

コッ

両肘、両ひざ、
できれば両胸を
床につけたまま行う

うつ伏せになり、手を
顔の前で組んで、片方
の腰を上にひっぱる。

脚の力はぬく

反対も同じように行います。

12-14
トレーニング法

お腹と背中を
なめらかに動かす

動画 02-02

お腹のウェイブや、胸やお腹だけ動かす動きは、最初はどこを動かせば良いのかがわかりにくいと思います。ここでは、動かしたい箇所に集中できるポーズで、トレーニングします。必要な腹筋と背筋も鍛えましょう。

12 ● フラットバック ●

直角の姿勢で、上体を床と並行にし、膝を曲げ伸ばし。腹筋背筋を鍛え、ハムストリングを伸ばします。

| 目安の数 | 10 回 |

コレができる ダンスに必要な腹筋、背筋の強度と柔軟性

コツ
お尻が下向きにならないように平行に保つ

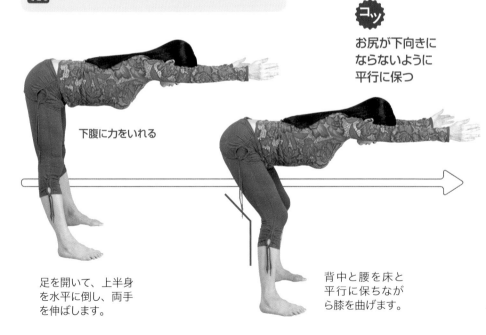

下腹に力をいれる

足を開いて、上半身を水平に倒し、両手を伸ばします。

背中と腰を床と平行に保ちながら膝を曲げます。

13 ● 体の表と裏を反らし、丸める ●

胸とお腹に意識を集中しやすいポーズで、それぞれの箇所を動かします。

目安の数	10 回

コレができる 胸のアンジュレーション、お腹のアンジュレーションなど

背筋は縦に伸ばし、背中を反らす

胸

コツ 竹がしなるように動かす

骨盤

コツ 息を吐き下腹を凹ませ骨盤を後ろに倒す

手を膝につき、まっすぐ前を見ます。

みぞおちで折り曲げ、背中をのばす。

肘を膝につき、背筋を伸ばします

腹を凹ませて骨盤裏を伸ばします

14 ● 四つん這いで反らし、丸める ●

四つん這いになることで、お腹と背中の動きを意識しやすくなります。

目安の数	20 回

コレができる アンジュレーション、リバースアンジュレーションなど

コツ 背中とお腹の筋肉を交互に縮める

コツ 左右交互に回転

背中を床と平行、腕と太ももを床と直角にします。

背中を反らしたり、丸めたりします。

さらに、上半身を回転します。

45

腕、手首、指を 繊細に動かす

動画
02-03

べリーダンスで、繊細な表現をしていくには、手と腕の細やかな動きが重要になってきます。腕と指をなめらかに、自在に動かすためのトレーニングです。

15 ●ひじ関節回し●

指先を床に固定することにより肘の動きに集中することができます。

目安の数	10 回

コレが
できる ▶ 腕のウェーブ、スネークアームなど

体の軸をまっすぐ

あぐらで指先を床に
着けて肘を上げます。

コッ

肩は動かさない
方がよい

肘をぐるぐると
回していきます。

16 ● 手首たおし ●

指先を床に着けることで、手首を意識しやすくなります。

目安の数	10 回

コレができる 腕の表現全般、腰の動きのサポートとしてつける腕の動きの表現

肘をのばす

指先を床に着けて手首を平行に右にたおします。

コツ 右左平行に手首を倒す

左にたおします。慣れたら空中でやりましょう。

17 ● フィンガーウェーブ・トレーニング ●

手の繊細な表現をするために、指を4つの形に変形させて、トレーニングしましょう。

目安の数	10 回

コレができる フィンガーウェーブ、指先のしなやかな動きなど

指をピンとのばす

関節でひし形をつくる

手のひらを付ける

コツ 関節をひとつひとつ意識

指をはなす

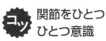

手のひらをつけてまっすぐ伸ばします。

手のひらでひし形をつくる。

手をつけ、指と指の隙間を開ける。

手のひらをつけて、指先だけ開きます。

上半身と下半身を連動させる

動画
02-04

上半身と下半身を一緒に動かして、複数の基本の動きをつなぎ合わせたり、ポーズを取りながら動いたりする練習です。同時に、美しいポーズを目指しましょう。

18 ● セクシーウォーク ●

モデルウォークのようにセクシーに歩くための練習です。体のひねりを意識します。

目安の数	左右 10 回

コレが
できる → 優雅な踊り、上半身下半身連動のフィギュアエイト

右の肩は
後ろに引く

コツ
お尻を突き出した
ほうの膝は伸びる

右手は右腰に左手は
右ひざに置いて前か
がみになり、左のお
尻を後ろに突き出す。

太ももの裏、
ヒップ側が
伸びるのを
感じる

反対も同様のポーズを
とって、前に進んでい
きます。

19 ● あべこべ体操 ●

肩の上下、腰の上下の動きを、脇から腰骨の間の
伸び縮みを感じながら行います。

目安の数 左右 10 回

**コレが
できる** → 腰の上下、縦方向フィギュアエイト、S字ポーズ

 左右の重心を変える

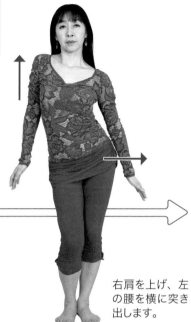

右肩を上げ、左
の腰を横に突き
出します。

左肩を上げ、右
の腰を横に突き
出します。

膝を軽く曲げる

20 ● グラビアポーズ ●

グラビアモデルのようなポーズで、胸と腰を強調
してストレッチをします。

目安の数 左右 10 回

**コレが
できる** → ハッガーラ、後ろから前のフィギュアエイト

お尻を突き出した
ほうの膝は伸びる

太ももの裏、
ヒップ側が
伸びるのを感じる

右手は右腰に左手は左
ひざに置いて前かがみに
なり、右のお尻を後ろに
突き出す。

21 ● ふりかえりポーズ ●

左右に振り返る動きで、上半身の柔軟さと、重心移動の感覚を 養います。

目安の数	左右 10 回

コレが できる 柔軟性を増す、美しいライン作り

柔軟性を増す、美しいライン作り

両手を腰に置き、振り返る側の腰に体重をのせ、上体をひねって振り返ります。左右交互に行います。

コツ しっかり お尻を 突き出す

片方の膝は軽く緩める

22 ● 肘上げぶら下がり ●

肘を天井に向け上にひっぱり、腰を落としてぶら下がるようにして脇から腰骨の間を伸ばします。

目安の数	10 回

コレが できる 腰の上下、腕が綺麗に上がる

右肘を上げて、右のあばらを伸ばします。

右腰を落とす

コツ あばらを しっかり伸ばす

左肘を上げて、左のあばらを伸ばします。

左腰を落とす

23 ● ジグザグ動き（横方向の反対動き）●

両手を上げ、胸と腰を反対方向にスライドさせます。手首と腰が同じ方向です。※手を腰のあたりで行なう方法もあります。

目安の数 左右 10 回

コレができる S字ラインなど上半身と下半身、腕を連動させた動き

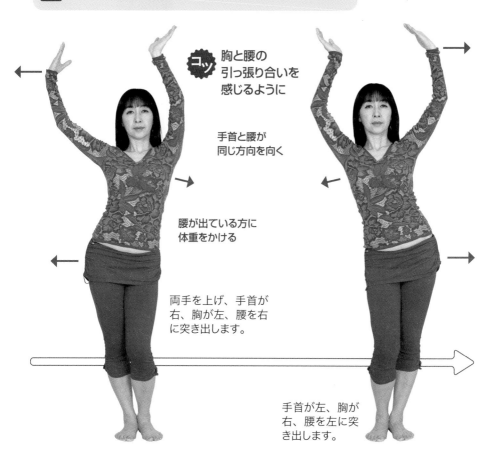

コツ 胸と腰の引っ張り合いを感じるように

手首と腰が同じ方向を向く

腰が出ている方に体重をかける

両手を上げ、手首が右、胸が左、腰を右に突き出します。

手首が左、胸が右、腰を左に突き出します。

自由に組み合わせよう！

ここで取り上げたトレーニングは、すべて行ってもいいし、自分が苦手な動きを強化するという使い方でもかまいません。
自分に合ったやり方で、自由に組み合わせて、トレーニングしていきましょう。

曲に合わせて踊る

【動画 3章】
01-09

最初の曲は、アナ・フィ・インティザラクという
恋の曲です。初心者用の比較的簡単な振り付けで。

1

ここで覚えること
Point 3

ベールの
使い方を
おぼえる

ここで覚えること
Point 1

上半身と
下半身を
同時に
うごかす

簡単な
ステップを
しながら踊る

動画
03-09

ここで覚えること
Point 2

特徴

エジプトの大歌手として知られるウムカルスームの曲より。『アナ・フィ・インティザラク』は、『私は待っています』という意味。「こんなに苦しいなら もう恋などしなければよかった」という情感あふれるメロディの曲です。振付は初心者用でありながら、大人の女性ならではの表現が出来るでしょう。

52

ANA FI INTIZARAK ─私は待ってます。─

アナフィ・インティザルクの振り付けの、全体の流れを見ていきましょう。

PART I	ベールを使いながら踊ります	
	カウント	動きの説明
動画 03-01	8 × 2	正面向き S 字ラインポーズ ※ P56 で解説 （右手でベールで顔を隠す）。
	8	半周歩いて後ろ向きに立ち、同じ S ラインポーズ。
	8	右手をゆっくり降ろす。
	8	右から腰を横振り (右左右左)。
	8	フィギュアエイト縦方向 (右体重、左腰上げから)。
	8	4 で振り返り、4 で左腰サークル。
動画 03-02	8 × 2	ステップタッチ ※ P58 で解説 でベールを下に開いて一周する
	8	左から腰を横ふり（左右左右）。
	8	左回り右回り。
	8	**4 のドンでベールを左手にかけてうっとり余韻** ※ P60 で解説 4 で左回り。
	8	4 で右手にかける、4 で右回り。
動画 03-03		（カウントしづらいので音で取る）
	8 × 2	両手上。右にさっと腰でアクセントをとりながら、素早く戻し右足を後ろに引いて左腰サークル（外から内）。左に同じ左体重右ポイントで終わる。
	4	首スライド。
	4	手を開く。
	4	肩回し。
	4	手をクロスで閉じる。
	8	肩回ししながら低くなって戻る。

カウント		動きの説明	
動画 03-04	8	ステップタッチで前に進む。	
	8	手をオープンしながらステップタッチで後ろに下がる（4で手を残しながら下がり、4でオープン）。	
	8	**右手ベールを外しながら時計回り回転** ※P62で解説 2回。	
	8	左手ベールを外しながら時計反対回り2回。	
		（以下数えにくいので音楽に合わせる）	
		ベールをバサッと前に降ろす、頭も下。	
	8	頭を上げて肩を回す。	
	8	ベールを一回回して時計反対回りで右手に持って後方に捨てる。	

PART II ベールなしで踊ります

カウント		動きの説明
動画 03-05	8	**シミーパドブレ** ※P64で解説 で右に移動。
	8	**右体重左体重スウェイ** ※P66で解説、右回り。
	8	シミーパドブレで左に移動。
	8	腰縦ダウン左から、手は上で時計反対回り。
		（同じ動きを反対方向で行う）
	8	シミーパドブレで左に移動。
	8	左体重右体重スウェイ、左回り。
	8	シミーパドブレで右に移動。
	8	腰縦ダウン右から、手は上で時計回り。
動画 03-06	8 × 2	左腰外から内サークル2回 大きいサークルで体重移動。
	8 × 2	右腰外から内サークル2回 大きいサークルで体重移動。
	8 × 2	（繰り返し）
	8	**左腰でサークルドロップ4回を二回。** ※P68で解説
	8	**時計反対回りサークル4回で一周。** ※P70で解説

カウント		動きの説明	
動画 03-07	8	左手を横に伸ばし左腰で縦方向サークル外から内4回で左方向に進む視線は右。	
	8	右手を横に伸ばし右腰で縦方向サークル外から内4回で右方向に進む視線は左。	
	8	フィギュアエイト並行前から後ろで前に進む。	
	8	胸ダウンアクセントで後ろに下がる。	
動画 03-08		（以下数えにくいので音に合わせる）	
	8	右に乗る。左に大きいサークル。右にキューと乗って回る用意。	
	8	左に回る。9カウントめにポーズ終り。	

曲名
アナフィ・インティザルク （Ana Fi Intizarak）

アルバム
ベリーダンスの黄金時代 VOL.3
（Golden Era of Bellydance, Vol. 3）

ミュージシャン
セトラック・シャルキシアン （Setrak Sarkissian）

レーベル
HAPPY FLOUR
"Ana Fi Intizarak" by Setrak Sarkissian from the album Golden
Era of Bellydance, Vol. 3t Licensed from Hollywood Music Center

曲について

このCDにも入っています

アルバム
ベリー・ベリー・ダンス （Very Belly Dance）

レーベル
HAPPY FLOUR

ベールを持ちながら S字ラインポーズ

動画 03-01

コレが できる 美しい曲線のポーズをとる

腰をしっかり
のせ、ひざを
引き寄せる

コツ

上下の
引っ張り合いを
感じながら、
体の軸は保つ

横にスライド

S字ラインのポーズ

1 腰を右方向に平行にスライドさせます。

2 S字ラインを作ります。

こではベールを使いながら、体をくねらせて、美しいＳ字のラインを作ります。しっかりと腰を横に突き出しながら、体のくびれを作り、なおかつ体の重さがまっすぐ下にいくよう、姿勢を保つことが大切です。まずはベールを持たずに、姿勢の作り方からやってましょう。

膝を開かない

膝が開いたり、内股になったりすると、腰をスライドしたときに、バランスが上手くとれなくなります。

意識を指の
先の先まで持つ

慣れてきたら、ベールを
持ってやってみましょう

S字ラインのポーズ

3 少しひじを緩めて中指の先をのばします。

両手でベールをもち、左手は伸ばし、右手は顔を隠すように持ちます。

後ろに意識をおきながら ステップタッチで動く

動画 03-02

コレが できる ▶ 基本のステップを身につける

最初は、そのまま
足の裏をつける。

腰を
アップする

まだ重心は
右足にある

ステップタッチ →

1 右足を一歩前に踏み出します。

2 左足を一歩前に出し、つま先を軽く
床にタッチします。左腰はアップ。

ス テップタッチという歩き方です。一歩踏んだらもう片方の足のつま先で床を軽くタッチし、次に同じ足でベタで床を踏み体重を載せます。体重移動したら逆足を今度はタッチします。ここでは、このステップに、腰のアップの動きが追加。足を引き寄せ、エレガントに動きましょう。

次は右足で
ステップタッチ。
繰り返し
行いましょう

コッ

重心を左足に移す

ステップタッチ ➡

3 左足を少し前に落とし、足裏をつけます。

ここが
大切 **！**

後ろにも意識を持つ

振り付けでは、ステップタッチで、円を描いて歩いていきます。ダンスは全方向への意識が必要。後ろを向いていても、美しい後姿を心がけ、見ている人の方に視線を残すのがポイントです。

目線をすこし見ている人の方に向ける。

🔽

肩越しに後ろを意識。後方のベールに空気が入るのを感じる。

🔽

一周しました。後ろを意識することで、美しい姿勢を保てます。

ベールを腕にかけて うっとりと余韻を残す

動画 03-02

コレができる 踊りに間を作り、メリハリを作る

ベールが巻き つくように回転

ベールワーク

1 ベールを持ち、後ろ側にたらします。

2 腕を回転させて、ベールを腕にかけます。

振付けでは、ベールを腕にかけて、手を伸ばしながらうっとりとした表情をする動きが出てきます。『ワヒド・カビール（1つ・大きく）』というリズムです。ドンというアクセントが頭にひとつ来るだけですが、そこで踊りの中で余韻を残すことで、全体にメリハリが生まれます。

余韻をかもしだす

すっと手を伸ばし、その先に目線を送って、うっとりした表情をします。動きは一見止まっているように見えますが決して意識は止まっていません。踊りには呼吸が重要です。「間」を表現するには、呼吸を止めないことがポイントです。

この曲に込められた思いを自分なりに表現するのもよいでしょう。

コツ 目線はななめ上で、意識を残す

ベールワーク

3 腕を伸ばした状態で、うっとりとした表情を作ります。

振り付け I

巻いたベールをはずし
美しく回転する

動画
03-04

コレが
できる ▶ 流れるようにベールをはずし、回転する

腕だけでなく、
体を回転させる

ベールワーク ▷

1 両腕にベールが巻きついている状態。

2 回転の準備として、勢いをつけるため、左に少し体を回します。

腕に巻きついたベールをはずし、ベールをはためかせながら、美しく回転する方法を身につけましょう。ポイントになるのは、ベールのはずし方です。腕に巻きついたベールを、手だけ動かしてはずすのではなく、回転する勢いを利用しながら、自然な流れの中ではずしましょう。

気を つけよう

回転の後だと
ベールが
はずれない

回転している途中で、ベールを落とそうとしても、腕にからんではずれません。

✕

コツ

回転の準備を
利用して、
ベールを落とす。

→ ベールワーク →

3 右回転の前に左に体をひねり、そのとき素早く右手を左に振ってベールを落とします。

4 そのまま体を回転させていきます。

63

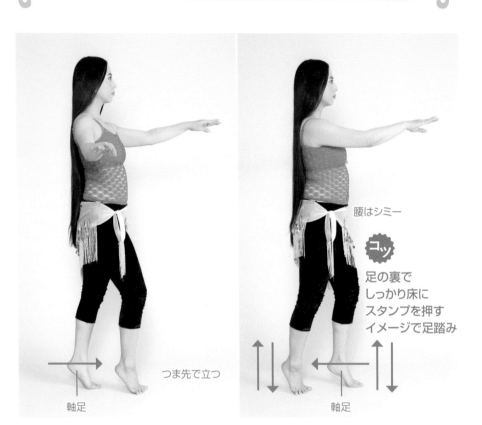

シミーパドブレで横に軽快に動く

動画 03-05

コレが できる シミーをしながら基本のステップができる

腰はシミー

コツ
足の裏で
しっかり床に
スタンプを押す
イメージで足踏み

つま先で立つ

軸足　　　　　　　　　　　軸足

シミーパドブレ

1 後ろ足を前に出します。

2 軸足に対して、前後の足を入れ替え、足踏みをしていきます。

ベリーダンスの基本的なステップのひとつ。パドブレはつま先立ちで足踏みをするという意味のバレエ用語で、そこにシミーがプラス。体は前後させず、足を振り子のように前後させます。ここでは横移動の動きも入ります。まずはシミーをしながら歩く練習をしてから、チャレンジしましょう。

体重のかけ方に注意

シミーで動くには、体重をまっすぐ垂直にかけるのがポイントです。膝、すね、つま先のラインをそろえてください。内股になったり、膝が外に開いたりすると、バランスがとりにくく、美しい足のラインが作れません。

内股になる

膝が外に開く

パドブレの横移動

足踏みをしながら、軸足を横に動かして移動します。

後ろにあった右足を前に出す。

右足を後ろにもどしたら、軸足の左を右に移動。パドブレを続けます。

左右に体重移動しながら上体を揺らす

動画
03-05

コレが
できる 上下左右の動きを連動させ、なめらかに踊れる

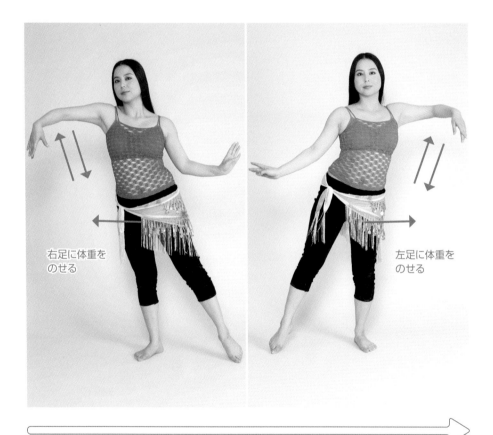

右足に体重をのせる

左足に体重をのせる

スネークアーム

1 体重を右に移動し、上体を揺らして、動きが右腕にも伝わります。

2 体重を左に移動し、上体を揺らして動きが左腕にも伝わります。

左 右に体重移動（スウェイ）しながら、上半身はやわらかく、徐々に動きが下から上、そして腕に伝わります。腕の動きはスネイクアームを応用。下半身の体重移動に、上体、腕の動きが伝わる時間差を感じながらやわらかく動きます。水の中で動きが伝わるイメージを持つとなめらかな流れで動けます。

ここが大切！

体の動きを伝えていく

腕の動きを細かくみていきます。体と腕の動きを連動させながら、体重移動をしていきましょう。

反対に
体重移動

コツ

腰、胸、腕の動きが伝わるイメージ

1 右方向に体重移動したとき、肘を上に引っぱるように腕を上げます。

2 腕を、肘からゆっくり下ろします。同時に、右方向へ体重移動していきます。このときは、腕から胸、胸から腰に、動きが伝わるように。

3 左方向に体重移動し、反対も同じように動きを伝えていきます。

サークルドロップを 4回連続で行う

動画 03-06

コレが できる 縦と横の動きを同時にする

コツ
垂直に ドロップする

→ サークルドロップ →

1 腰を引き上げ（アップ）、そのまま正面に腰を落とします（ドロップ）。

2 サークルをしながらアップ＆ドロップを続けます。二回目は横にドロップ。

3 三回目は後ろにドロップ。

ここでは内から外の片方の腰のサークルと、腰のドロップを組み合わせた動きをします。一回のサークルの動きの中で4回ドロップをします。基礎で行った腰やヒップを持ち上げてドロップする動きと、縦方向のフィギアエイトで使った内と外の感覚を応用できる動きです。

サークルドロップ

4 4回目は内にドロップ。

ここが大切!

難しいのは内と外

内のドロップと外のドロップは、なかなか感じることのできないベリーダンス独特の筋肉を使う難しい動きです。垂直方向に動く縦方向のフィギアエイトにも使います。

内のドロップ
中心にスライドして落とすイメージ。

外のドロップ
ななめ横ににスライドして落とすイメージ。

31

振り付け
2

腰をのせるように
サークル自転する

動画
03-06

コレが
できる 動きとポーズに、色っぽさを出す

手は髪をかき
あげるように

コツ

進む腰に対して
上体をちょっと
遅らせてひねり
S字姿勢に

→ サークル自転

1 サークルをしながら、時計反対周りで回転していきます。

2 サークルをしながら回転していきます。

サークルをしながら、時計反対周りで回転します。ここで重要なのは、上半身と腰の動きです。体を回転させながら、進む腰を追うように上体がやや遅れてついてくるように意識することで、体がS字のラインになり、色っぽさが出ます。目線も、ななめ下の方を見て、腰の動きを意識します。

横にのせた
腰にためを
作る

腰を追うように回転
進行方向の腰に重さをのせるようにし、上半身はそれをちょっと遅れて追い、ためを作ることで、色気のある動きになります。

目線は腰の
方に向ける

サークル自転

3 さらにサークルしながら回転していきます。

4 一回転して正面を向きます。

曲に合わせて踊る

【動画 4章】
01-11

次の曲は『ハレム・ストリート』。まるで映画音楽のようなレトロムードたっぷりのオリエンタルミュージックです。振付には少し難しい動きも入ってきます。

2

ここで覚えること
Point 1
異なる種類の
動きを
同時に行う

ここで覚えること
Point 3
即興で
踊れるようになる

基礎と
基礎を足して、
応用の動きに
挑戦

動画
04-11

ここで覚えること
Point 2

  ## 特徴

『ハレム・ストリート』と題されたこの曲はアラビック DJ、MOSAVO の曲です。カウントが取りづらい部分がありますが、音に合わせて踊ってみてください。一曲の中でベールを被ったスタイル、ベールワーク、素手と見え方が変化するのでドラマチックです。後半部分で楽器 のソロが入り、即興の練習にもなります。

1
ベールの中心で、頭にのせます。

1
ベールの中に、腕を入れます。

2
もう1枚のベールをたばねて、頭に巻きます。

2
ベールを持って、腰から引き抜きます。

3
後ろで一回しばります。

3
ベールを、短く持ち直します。

4
下がったベールを、腰にいれます。動いても余裕があるぐらい布のたるみをつけましょう。

4
ちょうどいい長さに広げながら、頭にかぶったベールをはずします。

5
両方をいれて完成です。

5
ベールを後ろに下ろします。

Harem street ─ハレム・ストリート─

ハレム・ストリートの振り付けの、全体の流れを見ていきましょう。

ベールを頭に巻いた状態で踊ります（巻き方はP73で解説）

	カウント	動きの説明	
動画 **04-01**		イントロ　　振付なし	
	8	右足からスネイクアームで二歩あるく。 胸元で手回しで右足を前後。	
	8	左から同じ。	
	4	3歩で右回り。	
動画 **04-02**	8	左方向へ左腰だけのハッガーラ2回、左足で45度方向にシミーパドブレ、8カウントめに右にのる。	
	8	左足踏み右腰引き**バックツイスト** ※P78で解説 ゆっくり2回正面、速く3回で時計回り一回転。	
	8	右方向へ右腰だけのハッガーラ2回、右足で45度方向にシミーパドブレ8カウントめに左にのる。	
	8	右足踏み左腰引きバックツイスト2回、ゆっくり正面、3で時計反対回り1回転。	
動画 **04-03**	8	4で右に体重のせ**シミーサークル（内から外）**、 ※P80で解説 4で左に体重のせシミーサークル、 手はななめ前を指す。	
	8	**左腰シミードロップ、右腰シミードロップ、ランニングシミー** ※P84で解説 8の字の半分右追いかけ回り。	
	8	4で右に体重のせ、**2回右腰サークル（内から外）、ツイスト揺らし（ジュエル）。**※P86で解説 4で左に同じ。	
	8	4右ジュエル、左ジュエル。4で手回しサークル回り、時計回り。	
P88 参照	8 × 2	左足から123パッセ、123パッセ、アラベスク、アラベスク ※P88で解説 で回る。	
	8 × 2	右足から123パッセ、123パッセ、アラベスク、アラベスクで回る。	

カウント	動きの説明
動画 04-04	
8	右手でフェイスラインに沿って降ろしつつ、**左方向ひねりアンジュレーションをツーステップ**。※P90で解説 左手でフェイスラインに沿って降ろしつつ、 右方向ひねりアンジュレーションをツーステップ。
	（以下ニュアンスは音に合わせる）
4	縦方向のフィギュアエイト、手は上から下へ、 くねり付きで。
4	左足引き、左手から手回し戻し。
5	右回りで前に出てポーズ（ファラオニック）。
動画 04-05	
8	**クロスアンジュレーション**、※P92で解説 右足前クロス ツーステップから、左足前クロスツーステップ。
8	右足かけて振り返りで後ろ姿。
8	ヒップ歩き、ツーステップ振り返り、 左ヒップツーステップ、右ヒップツーステップ
	（上体はヒップ方向にひねる）
6	後ろに歩きながらベールをはずす。
789	前に向き9で**ベールをはずす**。 ※P73で解説

PART Ⅱ ベールを使いながら踊ります

カウント	動きの説明
動画 04-06	
8	右から踏み出し、12アラベスク、12アラベスク
4	アラベスク、アラベスク。
567	回ってドンでベールを前に落とす。
8	ベールを前に広げ、左に左足から12スウェイ （横に体重移動）、右に12スウェイ。
4	左スウェイ、右スウェイ。
56	ベール前のまま時計方向プロペラ回り （手はそれほど広げない）。
4	左に12ベールアップ。
4	右に12ベールアップ。
4	前方に12ベールアップ。

カウント	動きの説明
4	ベールは前のまま開いて後ろに下がり、上にあげて前から後ろにする。
4	シェネ（回転しながら移動）で時計反対回転後方に下がりベールを捨てる。
54	前方に歩く。

PART III　ベールなしで踊ります

カウント	動きの説明
動画 04-07 　8	**片方ハッガーラ、**※P94で解説 右腰で右方向2回、左腰で左方向2回。
4	右腰横アクセント、左手上げ右手巻き込み、同じく左腰アクセント。
4 + 2	右回り引っ張り。
4	**左腰で片腰フィギュアエイト。**※P96で解説
8	右手をフェイスラインに沿って降ろしつつ、左方向うねりツーステップ。左手をフェイスラインに沿って降ろしつつ、右方向うねりツーステップ。
4	縦方向のフィギュアエイト、手は外から中へ。
8	左足から一歩前に足をそろえてかかとアップ、腰ツイスト。
	左足引き体重のせ、背中リバースで78前方に進む9で胸アップアクセント。
	（同じように反対も踊る）
	※2回目は胸アップアクセントは踊らない
動画 04-08 　4	左体重ショルダーシミー。
4	右体重ショルダーシミー。
4	後ろ向き、左体重、腰ツイスト。
4	後ろ向き、右体重、腰ツイスト。
4	時計回りで腰を回しつつ前を向く。
4	左腰サークルドロップ4回、左足ポイント、右手上げ、左手フェイスラインで、
4	右腰サークルドロップ4回。

カウント		動きの説明	
動画 04-09	8 × 2	クロスで回る（手はスネイク）を2セットで時計回り。	
	8 × 2	シミーサークル ※ P98で解説 ドロップ右左。	
	8 × 2	クロス回る（手はスネイク）を2セットで時計回り。	
	8 × 2	後ろ向きシミー ※ P98で解説 振り返り＆頭8の字揺らし。	
	8 × 2	クロス2回転2セット（手はファラオニック）。	
	8 × 2	押してスライドシミー＆ツイストシミー ※ P98で解説 右左。	
動画 04-10	8	左に左足から12行って斜め上方へ片手オープン 右左スウェイ（横に体重移動）。	
	8	右に右足から12行って斜め上方に 片手オープン左回り。	
	8	右に右足から12行って斜め上方へ片手オープン 左右スウェイ（横に体重移動）。	
	8	左に左足から12行って斜め上方に 片手オープン右回り。	
	5	左にゆっくり後方に回ってポーズで終り。	

曲名
ハレム・ストリート（Harem Street）

アルバム
デザートパッセージ（Desert Passage）

ミュージシャン
モサヴォ（Mosavo）

レーベル
ハリウッド ミュージック センター
"Harem Street" by Mosavo from the album "Desert Passage" Licensed from Hollywood Music Center

曲について

このCDにも入っています

アルバム
トライバル・レボルーション（Tribal Revolution）

レーベル
HOLLYWOOD MUSIC CENTER

腰を後ろに引く
バックツイストをする

動画
04-02

コレが
できる 前と後ろ、両方向へのツイストができる

コツ
前の足に
体重をのせて
準備しておく

コツ
一気に腰を
後ろにツイスト、
体重を後ろの
足にかける

バックツイスト →

1 つま先立ちで、右足を前に出します
（準備）。

2 速い動きで、腰を後ろにひねります
（カウント1）。

振振り付けの中で、前から後ろに腰をひねる、バックツイストの動きが出てきます。一見するとシンプルな動きですが、後ろから前に動かす通常のツイストよりも、格段に難しい動きになります。まずは、通常のツイストを行ってから、その後、バックツイストを練習しましょう。

ツイストとバックツイストのちがい

ツイストは、「ワン（1）、ツー（2）」のカウントで行いますが、バックツイストは、「アンド（準備）、ワン（1）」のカウントになるため、速い動きで、腰を後ろにひねります。

振り付けではベールをかぶって、バックツイストを行います。

ここが大切

骨盤まわりを使えるようにしよう！

バックツイストの動きは、普段の生活の中では、あまりない動きです。そのため、最初は上手く腰が回らないかもしれません。スムーズに行うには、骨盤周りの筋肉を鍛え、同時に柔軟にしておくことが必要です。なかなか上手くできないというときは、腰まわりのトレーニングをしましょう（P42参照）。

バックツイストを後ろから見たところ

右腰を前に出します（準備）。

▼

一気に後ろの足に体重をのせる

腰を前から後ろにツイスト、後ろの足に体重をのせる（カウント1）。

79

片方に体重をのせて サークルシミーをする

動画
04-03

コレが できる 片方に体重をのせ、シミーとサークルを融合

ななめ前方を
腕でさす

コツ
体重を
のせながらのシミー

サークルを
しながらシミー

腰を引いて後ろの
足に体重をのせる。
これを繰り返す。

→ サークルシミー

1 体重をのせて腰を押して出しシミー をする。

2 サークルで一周して、正面に戻りま す。

腰を小刻みにゆらすシミーと、腰を回転させるサークルを同時に行う、サークルシミーを行います。平行方向への、異なる動きを同時行う、難易度の高い動きです。シミーとサークル、それぞれの動きをまずはしっかりとマスターして、2つを融合させた動きに挑戦しましょう。

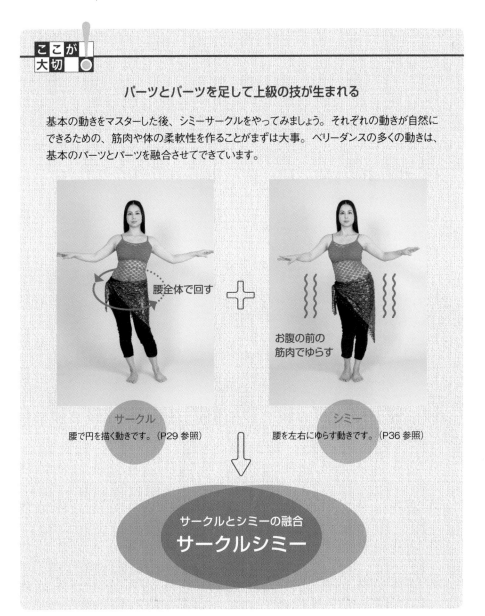

ここが
大切！

パーツとパーツを足して上級の技が生まれる

基本の動きをマスターした後、シミーサークルをやってみましょう。それぞれの動きが自然にできるための、筋肉や体の柔軟性を作ることがまずは大事。ベリーダンスの多くの動きは、基本のパーツとパーツを融合させてできています。

腰全体で回す

お腹の前の
筋肉でゆらす

サークル
腰で円を描く動きです。（P29 参照）

シミー
腰を左右にゆらす動きです。（P36 参照）

サークルとシミーの融合
サークルシミー

エレガントに魅せる シミードロップをする

動画 04-03

コレが できる 小刻みにゆらすシミーとドロップ

コッ
脇をあけ腕で
腰を引き上げる
イメージ

後ろの足は、
股関節を開き、
外に回して立つ

前足は
つま先で立つ

コッ
上半身の動きで、
腰の動きを強調

シミードロップ

1 後ろの足に体重をかけて前の足は
つま先ポイントにします。

2 息を吸いながら上半身を持ち上げま
す。

腰を持ち上げてシミーでゆらしながら腰を落とす、シミードロップです。お尻の筋肉を収縮させて細かく使うと上手くできます。前足の膝は動かさず、隠れている後ろ足の膝を中心に動かすと、腰の揺れが協調されてエレガントです。上半身や腕の動き、呼吸なども連動させて使うと効果的です。

シミードロップ →

3 シミーの揺れとともに腰を落とします。手の動きを加え腰の動きを強調。

2つの動きを融合する

ヒップドロップとシミーの動きを合わせるとシミードロップが完成します。

腰骨の上で
上げる

**ヒップ
ドロップ**
腰を引き上げて、落とす動きです。(P37参照)

＋

お腹の前の
筋肉でゆらす

シミー
腰を左右にゆらす動きです。(P36参照)

⬇

ヒップドロップと
シミーの融合
シミードロップ

ランニングシミーしながら腰をのせた回転をする

動画
04-03

コレが
できる 別の動作をしながら、ランニングシミーで自由に動ける

足音がうるさく
ならないように

コツ
一歩踏むごとに
しっかり腰をゆらす

常につま先出ちで、
一歩で腰を
一振りする

ランニングシミー

1 右足をついて右腰にのる。　　**2** 左足をついて左腰にのる。

ランニングシミーは、つま先立ちで走るように足踏みをしながら、腰を動かす動きです。ひと踏みに一回腰をゆらしています。腰を横に振りながら移動する動きですが、いわゆるシミーとはシステムが異なります。ここでは、並行のフィギアエイトの片方で自転する動きを加えています。

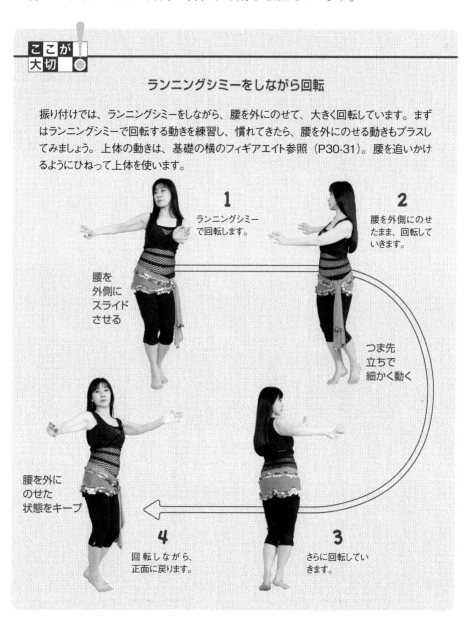

ここが大切！

ランニングシミーをしながら回転

振り付けでは、ランニングシミーをしながら、腰を外にのせて、大きく回転しています。まずはランニングシミーで回転する動きを練習し、慣れてきたら、腰を外にのせる動きもプラスしてみましょう。上体の動きは、基礎の横のフィギアエイト参照（P30-31）。腰を追いかけるようにひねって上体を使います。

1
ランニングシミーで回転します。

腰を外側にスライドさせる

2
腰を外側にのせたまま、回転していきます。

つま先立ちで細かく動く

腰を外にのせた状態をキープ

4
回転しながら、正面に戻ります。

3
さらに回転していきます。

力を抜いた自然な ジュエルで進む

36 振り付け2

動画 04-03

コレができる 回転に、逆回転のひねりを加える

腰は外にのせる

コツ
右腰を後ろに
ひねると同時に、
左腰が前にひっぱられる

→ ジュエル

1 右側の腰で、前から後ろへのフィギュアエイト（半分）を行います。

2 さらに後ろに腰を回していきます。

86

ジ ュエル（宝石）は、片方の腰で サークルしながら一歩進んだあ と、入れ替えの腰を素早く揺らす動き です。最初むずかしいですが、上達す ると力の抜けたやわらかい動きが自然 とできます。エジプトのダンサーがよく 使います。フィギュアエイトの半分とツ イストの組み合わせで進みます。

フィギュアエイトに ツイストをプラス

この動きは、フィギュアエイト（半分） とツイスト（半分）の動きを融合させて できています。

腰を外に のせる

フィギュア エイト （半分）
フィギュアエイト で前に進む動 き（P30 参 照）。

ツイスト
腰を腰を中心 を軸にひねる 動きです （P25 参照）。

フィギュアエイト（半分） ツイストの融合
ジュエル

体重を移動のとき、 右腰にひねりを もどすツイストの 動きが生じる

ジュエル

3 腰の動きに合わせ、ジュエルをし ます。

37

振り付け
2

円の軌跡で
パッセ&アラベスク

コレが
できる ひねりと伸びを感じ、片足で立ってバランスをとる

コツ
上半身をひねる

パッセ ⟹　パッセ ⟹

1 胸を引き上げ、ヒップを持ち上げます。

2 足を上げます。ひざは曲げて足先はすねに着く。

パッセは、バレエにも出てくる片足のつま先を軸足に付けるポーズです。ここでは体のひねりが重要なポイントとなります。アラベスクはもともとアラビア風という意味です。ベリーダンスではそれほど足を高く上げません。体のラインを美しく伸びやかに魅せましょう。

パッセ、パッセ→ アラベスク×2回→回転

振付では、左、右踏んで左踏みでパッセ、右、左踏んで右踏みでパッセ。左踏みアラベスク、右踏みアラベスク、左に3歩で回転です。最初は、時計反対の円軌道、逆は右足から時計回り、全体では8の字の軌道です。

1 パッセ
右足を上げてパッセします。

2 パッセ
右足を上げてパッセします。

3 アラベスク
左足軸のアラベスク、右足軸のアラベスクを連続で行います。

ゆるくひねって、もどす

つま先をまっすぐ伸ばす

アラベスク

3 右足つま先立ちで両手足を伸ばします。

89

ひねりをいれながらの アンジュレーション

動画
04-04

コレが
できる 波打つうねりと、ひねりの動作を同時に行う

腰をうねらせて
左方向に進む

手はボディラインに
沿って降ろす

コツ

腰の返しと、
上半身の返しを
連動

ひねりアンジュレーション

1 胸のサークル、ヒップを後ろから前に片腰サークルとアンジュレーションの複合。

2 『ヒップを意識しながらツーステップで左に移動。

3 ステップの入れ替えと同時に魚のひれのように体を返す。

胸とヒップのサークルとアンジュレーションの動きが混じった複合的な動きです。バストとヒップのラインを意識し、進行方向反対のヒップを強調します。ここで重要なのは、腰の横方向への回転の動きと、上半身の縦方向へのアンジュレーションの動きを上手く連動させることです。

腰を2回転、
右方向へ進む

ひねりアンジュレーション

4 片腰のサークル（後ろから前の片腰サークル）とアンジュレーションのうねり。

ここが
大切！

横のひねりと縦のうねりを連動させる

上半身の動きを細かく見ていきましょう。腰を回転させながら、上半身をアンジュレーションで波打たせています。

上半身を倒しながら、腰を回します。

▼

胸を前に突き出しながら、腰を回します。

▼

お腹を縮めながら、腰を回します。

足を交差させて行う クロスアンジュレーション

動画
04-05

コレが できる 体をひねってアンジュレーションと細かいアイソレーション

コッ

お腹を
インナーマッスルで
動かす

上体は
ひねっている

クロスアンジュレーション →

1 右足を踏みクロスさせ、左肩を前に出し胸をアップ。

2 上半身を後ろに倒しアンジュレーション。

足を交差させて、体をななめに向き、前方にアンジュレーションを行います。体がななめを向いたことで、難易度がさらにアップします。体の外側に筋肉が付いている人は、お腹にひっかかりを感じるかもしれません。なめらかに動くには、外が柔らかく、中がしまった体が必要です。

みぞおち、
お腹を引っ込める

体はななめ向き、
進行方向は前方

クロスアンジュレーション

3 うねりをお腹まで持ってくる。体重は後ろの足にかかります。

ここが大切！

踊りやすい体を作る

振り付けでは、左右クロスでアンジュレーションを行います。体が固定され、やや動きにくい姿勢のため、外側の筋肉がつきすぎていると、鎧をまとっているように動かしづらくなります。踊りやすいしなやかな体づくりも大切です。

右足前のクロス
腰を左方向にひねりながらアンジュレーション。

左足前のクロス
腰を右方向にひねりながらアンジュレーション。

93

片方ハッガーラで横に移動する

動画
04-07

コレが
できる 的確な腰の動きをマスターする

上体は上に
引き上げる

山を乗り越える
ように腰を上に
持ちあげる

片方ハッガーラ

1 右腰を落とします。

2 右腰を持ち上げます。

ベリーダンスの基本で学んだハッガーラ（P39）の応用です。ここでは片方だけのハッガーラで横に動くステップになります。腰を横にスライドさせながら、足を上げて、下に落とします。横移動の動きが加わるため、通常の動きよりも、足を下ろすタイミングが難しくなります。

ここが大切

腰で床を踏む

片方のハッガーラの動きのポイントになるのは、足を下ろすさいの動作です。腰の重さを垂直にのせるようにズシッと体重をのせるのがポイントです。

腰を引き上げます。

コツ
まっすぐ、強く落とす

足に体重をのせます。

右へ2回行い、
左も同じように
行いましょう

コツ
ズシッと垂直に
落とす

片方ハッガーラ →

3 右腰をまっすぐ下に降ろし体重も一気にのせる。

片方の腰で回す フィギュアエイト

動画
04-07

コレが
できる 片腰だけで小さな8の字を描ける

腰を左前方向へ

コツ
反対の腰を
固定する

片腰ハッガーラ

1 左の腰で、片腰のフィギュアエイト。　**2** 左の腰を後ろへ動かしていきます。

フィギュアエイトを、片方の腰だけで行う、難易度の高い動きです。ここで必要なのは、動かさない方の腰をしっかりと固定することです。また、この動きをなめらかに行うためには、骨盤の周りをやわらかく使えるように、トレーニングをすることも求められます（P42 参照）。

目安の数	左右 10 回

片腰のフィギュアエイトのトレーニング法です。横に寝転がることで、片方の腰が固定され、もう片方の動きに集中することができます。

左と右、両方を
同じように
行いましょう。

腰を
やわらかく使う

片腰ハッガーラ

3 片腰をやわらかく使い、小さな8の字を描きます。

片方の腰を8の字に回転させていきます。

反対の腰が床につくため、固定されて、肩腰の動きを意識しやすくなります。

さまざまな動きと
シミーを組み合わせる

動画
04-09

コレが
できる　シミーと、別の動きを組み合わせ、即興で踊れる

シミーサークル

つま先立ちで、片方の腰を外から内に回しながらシミーをします（P88 参照）。

バックシミー

後ろを向いて、顔は振り向いて体重をのせながらシミーします。

振付の最後の部分で、楽器ソロ演奏（3回あり、ウードソロが2回、カヌーンソロが1回）があります。楽器の音に合わせシミーとさまざまな動きを組み合わせます。ここは決まった振り付けがあるわけではなく、踊る人の感性で基本の動きとシミーを上手く組み合わせ、即興で踊りましょう。

シミーを極めよう

自然にシミーができるようになるには、3年はかかると言われます。逆に言えば、シミーができれば、大きく踊りの世界が広がります。

| スライドシミー

腰をななめ前、ななめ後ろにスライドさせながらシミーをします。

| ツイストシミー

体重をのせて腰を左右にひねりながら、シミーをします。

ベリーダンスの世界

【動画 5章】
01-03

ここでは、歴史、衣装、音楽など、ベリーダンスの魅力的な世界を伝えていきます。

---

43 ベリーダンスの歴史

女神の踊り「ベリーダンス」

ベリーダンスは、世界でもっとも古くからある踊りのひとつで、エジプトなどの中東諸国で始まったと考えられています。紀元前のエジプトの石碑には、ベリーダンスを思い起こさせる、ダンサーが描かれた石碑があります。ベリーダンスは、一神教のイスラム教以前の、多神教の世界で生まれた踊りで、エジプトの女神イシスの女神信仰とも関係が深いと言われます。ただし、正確なことはよくわかっていません。

世界中に同じような神話が残ります。女性の踊りに、五穀豊穣や子孫繁栄などの願いをこめた、そんな太古からある女神の踊り、それが「ベリーダンス」の起源なのではないでしょうか。

テーベ・ネムアメン墓壁画。紀元前1400年頃のもの。大英博物館蔵。

女神イシスは、トビの翼を持った女性の姿で描かれる。

日本のベリーダンスの起源

日本にも、同じような話があります。『日本書記』や『古事記』に、天岩戸開きのお話があります。天照大神が、天岩戸に閉じこもったことで太陽が失われ、世界が闇に包まれます。そこで、天照大神に出てきてもらうために、天の岩戸の前でどんちゃん騒ぎが始まります。このとき女神のひとりアメノウズメが、色っぽい踊りを披露し、八百万の神を喜ばせます。その騒ぎによって、天照大神は、再び姿を現します。これが、日本のベリーダンスの起源ではないかと思っています。

天岩戸開きの図。「岩戸神楽乃起顕」歌川国貞より。

女性による、女性のための踊り

7世紀、アラビア半島を中心にイスラム教が広まり、女性はベールをまとうようになります。人前で肌を出して、ベリーダンスを踊ることはできなくなってしまいます。今でも、イスラムの世界では、肌を露出させて踊ることはできません。

この時代、風紀を保つために、男女が分かれて生活するようになり、女性だけで集まるハレム（女性部屋）が生まれました。ここでベリーダンスは、見よう見まねや口伝で伝わっていきました。また、ごく親しい人だけ集まる結婚式や、女性だけのパーティーでも、ベリーダンスは踊られ続けてきました。

また、お腹や腰を動かすベリーダンスは、出産の筋力をつけるために、若い女性のトレーニングでもあった言われます。ベリーダンスは、女性たちの楽しみだけでなく、女性の健康のためにも必要な踊りだったのです。

女性の美や自由を表現する踊りへ

15世紀、オスマン帝国が栄え、宮廷に皇帝のためのハレムが作られ、ここでベリーダンスは、官能的なものへと発展していきます。18世紀頃、西欧諸国にも、魅惑的なイメージと共に伝わっていきました。

ベリーダンスは、中東では「ラクス・シャルキィ」「バラディ」などと呼ばれています。ベリーダンスという名前が生まれたのは、1893年、アメリカのシカゴで開かれたコロンビア世界博覧会でのこと。ここでベリーダンスが披露されて、その特徴的な動きから、「ベリーダンス（お腹を動かすダンス）」と呼ばれるようになります。アメリカでは、エンターテインメントやショーとして発展し、後に女性解放運動の流れの中で、トライバルスタイルへとつながります。

1980年代に、日本で最初にベリーダンスの教室が開かれ、現在、多様な変化をとげています。さまざまな文化や価値観を吸収しながら、ベリーダンスは世界中で、今も進化を続けています。

トプカプ宮殿のハレムの様子。

19世紀以後のヨーロッパでの、「官能と倦怠」の中近東のイメージを描く作品。ジャン・レオン・ジェローム作。

ベリーダンスの道具

動画
05-02

ベリーダンスには、さまざまな道具があります。もともとあったものから、ショーを盛り上げるために後から考えられたものまで、多様です。

ベール
ダンスの中で、さまざまな形で使われます。

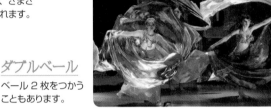

ダブルベール
ベール2枚をつかうこともあります。

イシスウイング
扇状の大きな翼。首に固定し、手にもった棒で広げます。

アサヤ
ステッキ。民族舞踊サイーディのリズムで踊ります。

ファン
扇子にベールがついたもので、ダンスの中で使われます。

シャマダン（燭台）
頭にかぶるキャンドルスタンド。お祝いの席などで使用されます。

シミター
（三日月刀、ソード）
湾曲した片刃の剣。頭などにのせてつかう。アメリカ生まれです。

ジル（サガット）
ダンサーが指につけて使用するシンバル。エジプトではサガット、トルコではジル。

ベリーダンスのジャンル 動画 05-03

ベリーダンスのジャンルを大まかに分けると、次のようになります。ただし、現在は、さまざまな要素が混ざり合い、厳密なジャンル分けが難しくなっています。

オリエンタル・スタイル *Oriental style*

エジプシャンとターキッシュを総称して
オリエンタルとよびます。

●エジプシャン

エジプトが起源のスタイル。トップダンサーは女優を兼ねることも。腰を小刻みに揺らすシミーの動きが特徴的。イスラムの戒律が厳しく床に寝転がる動きはありません。

エジプシャンの衣装の一例。
写真：Judith Scheepstra

●ターキッシュ

トルコで生まれたスタイル。床に横になる動きや回転の多いベールワークがあります。お腹の筋肉を動かすベリーロールや腕や指を細かく動かすウェーブが特徴的。

床に横になる
のはターキッ
シュが多い。

ジプシー・スタイル

中東のさまざまな民族の文化を取り入れたスタイルもあります。衣装の幅も広いです。

カラフルな裾の広がるスカートに花飾りやスカーフ、フリンジなどがはいる。

Gypsy style

トライバル・スタイル

1960年代にアメリカで誕生。アイソレーション技術が特徴です。グループやソロで踊ります。

Tribal style

トライバルをベースにしながら、さまざまな要素が加わったトライバル・フュージョン。

ベリーダンスの衣装

ベリーダンスのステージの衣装や練習着の一例を紹介します。カラフルなものから、落ち着いたものまで、さまざまなバリエーションがあります。

●●● ステージ ●●●　　　　●●● 練習 ●●●

チョリ

練習着や衣装としてもつかうチョリ。

装飾品

ブレスレットやネックレスなど、さまざまな装飾品をつけます。

トップス

動きがわかるようぴったりとしたものが望ましいです。この場合、シースルーのトップス。おへそを出してチョリという上衣を着ることも。身体のラインが出ればTシャツやタンクトップでもOK。

ブラ

もっとも目立つ装飾がビーズやスパンコールなどでほどこされています。

ベルト

ブラとそろったデザインが基本。スカートと一体になったものもあります。

パンツ

レギンスや、ロングのワイドパンツなど、動きやすいものを選びましょう。

ヒップスカーフ

コインやビーズ、フリンジの付いたものがあります。揺れが分かる素材がよいです。腰骨に合わせて装着します。

スカート

足まである長いスカートで、スリットがはいったものも多いです。

ベリーダンスの音楽

ベリーダンスを踊るときの音楽は、アラブ音楽が基本的には使われます。演奏には、ダラブッカやウードなど馴染みのないものから、バイオリンやアコーディオンなど知っている形の楽器も登場します。ジャンルも多様で、古典的な音楽から、ポップス、民族的な音楽など、さまざまです。また、アラブ音楽は、西洋の音楽とは、異なるルールで作られていることも知っておきましょう。

アラブ音楽の特徴

1 リズムが変わる

1曲の中で、速くなったり、遅くなったり、リズムや曲の調子が変わります。

2 「マカーム」がある

西洋音楽の長調、短調のような、曲の雰囲気を決める「マカーム」がたくさんあります。

3 単旋律だけを演奏

西洋音楽は多彩な楽器の音の厚みであるハーモニーが特徴ですが、アラブ音楽はすべての楽器が同じメロディーを演奏します。

ベリーダンスの楽器

●ダラブッカ

ベリーダンスの中心となる、素手でたたく打楽器。手のひらで中心部分をたたくと低音、、中指でふちをたたくと高音が出ます。胴体は金属や陶器で、ヘッドは皮やプラスチック。タブラともよばれます。

●ドフ（ダフ、ペンティール）

丸い木などの枠の片面だけに、皮やプラスチックがはられている、片手でたたく打楽器で、低い音がなります。踊りながらたたくこともできます。

写真：Catrin

●レク（リク、レッ）

木や金属の枠に、プラスチックや皮の膜が
はられ、金属のジルがつきます。タンバ
リンのような形ですが演
奏方法は少し異なり、
たたいたり、ジルだ
け鳴らしたりはば
ひろい演奏が可能
です。

写真：Catrin.

●ウード

アラビア音楽のマカームの基礎にな
る弦楽器。ギターとちがいフレット
がありません。弦の数は主に、5
または6の複弦で、国によっ
てさまざまな形があります。

●ネイ（ナーイ）

アラブの古典音楽を代表する
楽器。葦（あし）に穴をあけ
て作られた管楽器で、フルー
トや尺八と異なり、ななめに
持って演奏します。

●カマンガ（バイオリン）

アラビア語ではカマンガとよばれる、
さまざまな音色を表現できる弦楽
器。もともと、バイオリンの起源は、
アラブの2弦の民族楽器ラバーバと
いわれます。

●カーヌーン

アラブを代表する弦楽器。台
形の箱に、たくさんの弦がつ
いていて、日本の琴のように
指で弾きながら演奏します。
せんさいな音色が特徴です。

●アコーディオン

蛇腹を左右に動かしながら、押
して演奏する楽器です。蛇腹
を調整することで、マカーム
を演奏することができます。

●ミズマール

先がラッパのように広
がり、オーボエのよう
に吹き口に2枚リード
がつく、アラブのリー
ド楽器です。大きな迫
力のある音がでます。

写真：Jean-Xavier Bardant

ベリーダンス Q&A

ここではベリーダンスの素朴な疑問に Q&A 形式て回答していきます。

費用はどれくらいかかる？

1か月1万円前後くらいです。

スクールによってちがうので一概には言えませんが、チケット制なら1レッスン2000円から3000円、週1回なら月4回で8000円から12000円くらいです。ただし、発表会があると、衣装を作ったり、会場費や演奏者へのギャラを払ったり、別の費用がかかります。あくまで目安ですが、3万円以上は見ておいた方がよいでしょう。

学びたいと思ったらどうすればよいですか？

先生の表現と、自分との相性が合うかが大事です。

カルチャースクールから教室まで、さまざまなところで、ベリーダンスは学べます。気軽に見学に行ってみるのが一番です。もっとも重要だと考えるのは、先生と、自分との相性だと思います。先生によって、優雅さ、情熱、生命力など、表現しようとすることが変わるので、自分に合いそうなところを探してみたらいいと思います。

衣装の露出が気になるのですが・・・。

お腹を出さない方法もあります！

ベリーダンスは、セパレートタイプの衣装が多く、お腹を出して踊るのが特徴です。ただし、お腹を出さないといけないわけではなく、重要なのはボディーのラインを出すことです。お腹を見せたくないという方は、お腹が隠れるシースルーのトップスや、お腹を隠すためのボディーストッキングを使うのがおすすめです。足は衣装により隠れているものも見えているものもあります。

Q どれくらいの年齢の人がやっているの？

A 幅広い年齢の方がやっています。

若い人もいらっいしゃいますが、30歳前後から始める方が多いです。
女性としてちょっと衰えが気になるところでベリーダンスを始めて魅力を
取り戻す方も多いようです。40代、50代から始める方もいらっしゃい
ますがコツコツと練習すればちゃんと踊れるようになります。

Q 自分らしく踊るには？

A 自分を受け入れるのが第一歩。

まずは、自分自身を受け入れることが、大事だと思います。踊りを通して、
自分の中の一面をさらけ出してみせて、それを表現していく。そうするこ
とで、自分自身の新しい発見や、再確認につながります。その繰り返し
の中で、自分らしい踊りが、自然とできるようになってくると思います。
また、踊っていると、気分がポジティブになるので、自然と自分を表現
しやすくなってきます。

Q ベリーダンスの魅力は？

A 踊り手によって魅力が変わる踊りです。

踊る人それぞれに、観る人それぞれにベリーダンスに
抱く魅力は変わります。私の場合は、ベリーダンスは、
言葉を使わない、お客さんとのコミュニケーションだと
思っています。見ている人の、気持ちを高まらせ、エ
ネルギーを増幅していく。同時に、そういったお客さん
からも、踊ることでエネルギーをもらえます。そんなと
ころに、魅力を感じています。

上達のための近道

動ける体を作ってコツをつかむ！

ベリーダンスは、見た目以上に上達がむずかしい踊りです。途中であきらめてしまう人やスキルアップがむずしいと感じる人もいます。その理由のひとつは、普段あまり使わない体の動きが多くあり、同時に、複雑な動きの組み合わせがたくさんあるためです。そのような壁を乗り越えるには、普段の練習を続けるとともに、動ける体を作るトレーニングをすることが大事。それは、自分の体のさまざまな部位を開発し、動けるように改造していくようなものです。動ける体ができて、そのうえで練習を重ねていると、感覚的に動きのコツをつかめるようになって来ます。目指すところは、体の細部を、イメージしたように動かせるようになることです。あまり急がず、少し気長にやってみる心構えも、ベリーダンスには必要です。

●ベリーダンス習得のステップ

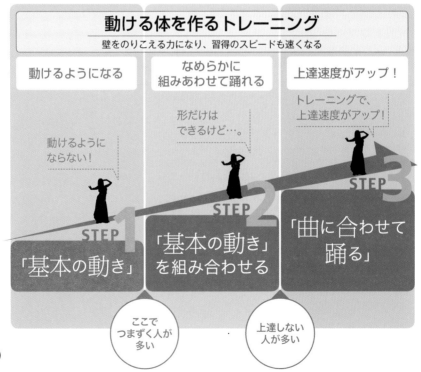

動ける体を作るトレーニング
壁をのりこえる力になり、習得のスピードも速くなる

動けるようになる／なめらかに組みあわせて踊れる／上達速度がアップ！

動けるようにならない！

形だけはできるけど…。

トレーニングで、上達速度がアップ！

STEP1 「基本の動き」

STEP2 「基本の動き」を組み合わせる

STEP3 「曲に合わせて踊る」

ここでつまずく人が多い

上達しない人が多い

アルカマラーニ創設者

MAHA

1980年代後半よりベリーダンスを始める。日本ではカリフォルニアスタイルを海老原美代子に、エジプシャンスタイルを小松芳に学ぶ。1990年よりニューヨーク、カリフォルニアにてベリーダンスを学ぶ。ニューヨークではイブラヒムファーラー、ヨースリーシャリフに学ぶ。1994年よりカリフォルニアのラカーサフェスティバルに日本人として初参加。数多くのダンサーに学ぶ。特にスヘイラサリンボーの指導法に影響を受ける。

アルカマラーニ創設後、数多くのステージに立ちつつ、数多くのダンサーを指導。

曲線的な動きを重視する日本人としての感性を生かしたベリーダンスを追求している。

『MAHA』とはアラビア語で『鹿』の意味。水のあるところに住む鹿は楽園の象徴とされる。

アルカマラーニダンスオリエンタルカンパニー

Al CAMARANI danse orientale canpany

アラビア語で『太陽』と『月』という意味。直訳すると『二つの月』。太陽と月を並べた時に月が優位に立つというあたりが砂漠の国らしいと感じカンパニー名とした。アラブの国々では『月』や『夜』は美しいという意味を含む。

1994年京都南禅寺にてアルカマラーニ設立。1997年四谷大京町にてスタジオ開設。2000年から2019年まで20年間にわたり、上野水上音楽堂にて毎年夏にカンパニー公演を実施。創造性を重視した舞台作りは多くの観客の心を掴んだ。2012年スタジオを四谷4丁目に移転。数多くのダンサーを輩出した25年間のカンパニー活動を経て2020年にカンパニーを解散。現在MAHAは、ソロを中心に活動中。

> お問い合わせ
>
> ## MAHA Oriental dance class
>
> 東京都新宿区四谷4-13CB 四谷四丁目ビル202
> http://www.alcamarani-doc.com/

監修

MAHA

モデル

YOSHIE

スタッフ

編集・執筆
高橋淳二、野口 武（以上 有限会社ジェット）

デザイン
白土朝子

スチール撮影
shun kusano、TAO corporation

動画制作
早乙女達也、中村優紀子（早乙女映像制作）、尾基純一（12FILM）

ヘアメイク
上條絵美

**ベリーダンス 魅せるポイント50 改訂版
動画でステップアップ！**

2021 年 5 月 30 日 第 1 版・第 1 刷発行

監修者　MAHA（マハ）
発行者　株式会社メイツユニバーサルコンテンツ
　　　　代表者　三渡 治
　　　　〒102-0093 東京都千代田区平河町一丁目1-8
印　刷　株式会社厚徳社

ご意見・ご感想はホームページから承っております
ウェブサイト https://www.mates-publishing.co.jp/

編集長：折居かおる　副編集長：堀明研斗　企画担当：折居かおる／清岡香奈

※ 本書は 2015 年発行の『DVD でステップアップ！ベリーダンス 魅せるポイント 50』の仕様を、DVD からオンライン上で動画を閲覧できるよう変更し、書名を変更して新たに発行したものです。